LA
RÉPUBLIQUE

PAR

Henri ROZY

Professeur à la Faculté de Droit de Toulouse.

DEUXIÈME ÉDITION

TOULOUSE
LIBRAIRIE CENTRALE
Rue Saint-Rome, 44.

1871

Toulouse, Imp. L. CASSAGNE ET Cᶜ. (Dotation des Orphelines),
Rue Saint-Denis, 4 (faubourg Saint-Michel).

Le mot *République* fait peur à beaucoup de monde. Il me revient de bien des côtés que les habitants de la campagne surtout en sont effrayés.

C'est qu'ils ne savent pas ce que c'est la chose que désigne ce mot.

Il faudrait les rassurer. Comment faire? Les journaux ne sont pas lus en dehors des villes; d'ailleurs, ceux qui défendent la République ne peuvent, tous les jours, redire quelles sont les raisons qui doivent faire adopter le gouvernement républicain.

C'est là ce que je voudrais exposer dans les pages qui vont suivre. J'emploierai à dessein la forme la plus simple, et j'espère que tout le monde me comprendra facilement.

Cependant je serais bien heureux de pouvoir compter sur le concours des Instituteurs. S'ils voulaient — et je les en prie instamment — prendre la peine de développer et de répandre les idées que je formule, quelle excellente génération de républicains honnêtes, modérés et convaincus, ils pourraient former !

L'apaisement se ferait dans le pays , et toute révolution deviendrait désormais impossible.

H. ROZY.

Toulouse, octobre 1870.

LA

RÉPUBLIQUE

I.

Dans le midi de la France, surtout à Toulouse, ou dans ses environs, quand l'on veut désigner une maison où les locataires sont bruyants et où le désordre est assez grand, on dit en patois, — mais je traduis en français : — C'est une *République*. Mieux que cela encore. L'on m'a conté, ces jours-ci, l'appréciation piquante que donnait de cette forme de gouvernement une femme de chambre à une de ses amies. — Qu'est-ce donc que la République ? demandait la seconde à la première. — Celle-ci a répondu : *Je suppose que je te tue ; eh bien ! en république, on ne me poursuivrait pas, on ne me punirait pas.*

Pour bien des personnes donc, la République, c'est le désordre, l'assassinat, ou, tout au moins, la violence.

Et quand on veut combattre ces idées fausses, vous trouvez bien des gens qui vous disent : « Vous n'empêcherez pas qu'on ait de la République une idée pareille. En France, c'est une opinion générale ; on ne peut la déraciner. »

C'est un tort de parler ainsi.

Quand un enfant se trompe, et applique, par exemple, le nom de *table* à une *chaise*, on le reprend. Et comme le mot *République* n'a jamais voulu dire ce que pensent les personnes qui lui font signifier désordre et assassinat, il s'agit tout simplement de donner une leçon de français à ceux qui se trompent aussi grossièrement.

II

Le mot *République* vient de deux mots latins qui veulent dire : *chose publique*. On se sert de cette expression pour désigner la forme d'un gouvernement qui s'occupe des intérêts généraux, de la *chose publique*, en demandant le concours de tout le monde.

Quand c'est un roi ou un empereur qui règne, ces hommes, qu'on appelle princes, s'imaginent ordinairement qu'ils ont le pouvoir de gouverner, sans que ceux auxquels ils commandent le leur aient donné. Ils prétendent qu'il y a des familles qui ont le droit de se transmettre, de père en fils, le gouvernement d'un pays, absolument comme le père a le droit de transmettre à ses enfants son champ, sa maison ou ses outils.

Au contraire, un gouvernement républicain est formé d'hommes qui ont reçu de tout le monde le pouvoir de gouverner. Ils n'ont à exercer ce pouvoir que pendant quelque temps ; et s'ils font mal les affaires du pays, on peut les remplacer par de plus intelligents, de plus dignes, de plus habiles. Et cela sans secousses, sans révolution.

On nomme des députés tous les deux ans, tous les trois ans. Si l'on est content d'eux, l'on renomme les mêmes. Si, au contraire, il n'ont pas bien agi dans l'intérêt de tous, dans l'intérêt de la chose publique, on les remplace par d'autres. Puis, le plus souvent, ces députés choisissent des hommes chargés de tous les détails de l'administration des affaires publiques.

Voilà ce que c'est que la République.

III

Cette manière de se gouverner est facile à comprendre. Tous les jours, dans la vie ordinaire, on en fait des applications, sans qu'on s'en doute.

Quand un homme a besoin de faire toucher de l'argent dans un endroit où il ne peut pas se rendre, parce qu'il est retenu par ses occupations, que fait-il ? Il donne une procuration à une autre personne ; il constitue un *fondé de pouvoirs* qui a sa confiance, et qui lui rendra compte, après avoir touché les fonds.

Il est bien sûr que jamais personne ne songerait à

penser que ce procureur fondé peut garder sa procuration, même quand celui qui la lui a donnée n'aurait plus confiance en lui. A plus forte raison, jamais vous ne ferez admettre que le fils de ce procureur fondé doive forcément continuer à remplir le mandat dont on a chargé le père, à moins qu'on ne le lui confirme par un acte nouveau.

C'est tout simple. Le père est un homme intelligent, honnête, bien rangé ; et voilà pourquoi l'on s'est fié à lui. Le fils au contraire, peut être moins intelligent, peu honnête et n'avoir aucune des qualités du père.

IV

Prenons un autre exemple. Un garde champêtre, dans une commune, n'a pas un pouvoir immense. Cependant, il surveille les propriétés, il dresse des procès-verbaux de contravention contre les maraudeurs qui volent le fruits ou abîment les récoltes. Pour faire bien ce métier, il faut avoir bon pied et bon œil, posséder certaines qualités, de santé, pour pouvoir courir les champs, et de probité, pour ne pas se laisser corrompre par ceux qu'on est chargé de surveiller.

Est-ce qu'on ne rirait pas au nez de ce garde champêtre, s'il songeait un beau jour à se faire remplacer par son fils, sans demander le consentement de personne, et s'il voulait l'imposer comme garde champêtre, par cela seul que lui-même l'a été ? On lui répondrait :

— On pourra bien nommer votre fils à votre place, s'il a les mêmes qualités que vous ; mais vous n'avez pas le droit de nous l'imposer.

Que dirait-on surtout, si le garde champêtre voulait, en mourant, laisser ses fonctions à son fils, qui aurait cinq ou six ans, ou qui serait un enfant au berceau ? A coup sûr, tout le monde penserait qu'il est devenu fou.

Voilà cependant ce qui se passe quand on n'est pas en République, c'est-à-dire quand on admet le gouvernement par les monarchies, par les rois, par les princes.

Un roi, lui, a des pouvoirs immenses. Il a notamment le droit de déclarer la guerre, c'est-à-dire d'envoyer je ne sais combien de mille hommes à la mort. Le plus souvent, ce droit, il l'a pris ; mais quand même on le lui aurait donné, c'est à lui qu'on l'a donné, ce n'est pas à son fils. Et, cependant, dans les monarchies, on admet que le fils succède à tous les droits de son père, quand même il serait au berceau. Il est vrai qu'alors, dans ce dernier cas, on lui nomme un tuteur, un régent qui fait le travail ; mais tous les actes sont faits au nom de ce petit enfant.

On admet même qu'il est majeur avant vingt et un ans, à dix-huit ans au plus tard. Ainsi, tandis qu'en règle ordinaire, il faut avoir vingt et un ans pour administrer ses biens, pour vendre une maison, les fils de roi peuvent faire d'une nation tout ce qu'ils veulent, ordonner tout, bouleverser tout, avant l'âge qu'il faut avoir pour faire un petit acte tout simple.

Est-ce assez de folies ?

Il arrive. même quelquefois qu'on dit à ces enfants, notamment à un fils de roi qui s'appela Louis XV et auquel on montrait bien des personnes rassemblées sous sa fenêtre : *Sire, tout ce peuple est à vous.*

En République, on n'appartient à personne. On s'appartient à soi-même, puisque l'on nomme son gouvernement et qu'on peut en changer quand il ne vous convient plus.

Seulement, comme l'on ne peut pas aller voter tous les jours, et qu'il faut bien laisser un certain temps aux hommes que l'on nomme, pour s'assurer s'ils font le bien ou le mal, ces votes, qui tendent à changer le personnel du gouvernement, n'ont lieu que tous les deux ans ou tous les trois ans.

V

Encore un autre exemple, pour montrer combien il est naturel de se gouverner suivant la forme républicaine.

Quand plusieurs personnes se réunissent pour faire un travail en commun, notamment un travail d'irrigation dans la campagne, ou pour redresser le cours d'un ruisseau, on constitue une association ou syndicat. Et comment s'arrange-t-on pour faire fonctionner cette association ? On nomme des *syndics*, des représentants de la société.

Est-ce qu'il est jamais venu à l'idée de personne de penser que les syndics ainsi nommés auraient le droit de trasmettre leurs pouvoirs à leurs fils, et ces fils à leurs fils, et ainsi de suite indéfiniment ?

Et pour les sociétés que l'on fait, dans les villes, pour le commerce, on procède de la même façon. On nomme un ou plusieurs gérants, mais seulement pour un temps déterminé. Jamais un gérant ne pensera avoir le droit de s'éterniser, lui ou sa famille, dans cette fonction.

Comment se fait-il donc que l'on ait jamais pu souffrir que des rois, des monarques, des empereurs se soient cru le droit d'en agir ainsi.

Un gouvernement n'est pas autre chose qu'une collection de *procureurs fondés*, de *syndics*, de *gérants* des intérêts généraux.

Pendant que le paysan est à sa charrue, l'ouvrier à son établi, le maître d'école auprès de ses élèves, etc., toutes ces personnes ne peuvent pas s'occuper de la création des routes, de l'alignement des villes, de l'assainissement des vilains quartiers, de la poursuite des malfaiteurs, etc., etc. Ce sont là, d'ailleurs, de grandes opérations et des actes importants que les individus ne peuvent pas faire tout seuls. Pour cela, les gouvernements doivent les remplacer. Les individus donnent à ces gouvernements une procuration en les choisissant par leurs votes ; et ils les nomment gérants de la chose publique.

Ces procureurs fondés, ces gérants ne sont pas les maîtres, les propiétaires des choses dont ils s'occupent ou des hommes qui leur ont donné mandat, comme on le croit dans les monarchies. Ils exercent leurs fonctions pendant un temps déterminé ; et, s'ils les remplissent mal, on a naturellement le droit de les remplacer, aux époques fixées par les lois.

VI

Il est déjà bien rassurant de voir que le gouvernement républicain est fondé sur le bon sens, et qu'il ressemble à d'autres organisations que l'on trouve partout et que tout le monde admet sans difficulté. Il faut voir maintenant quels sont ses avantages.

Ils sont de deux sortes : avantages moraux et avantages matériels.

Son premier avantage moral, c'est de faire que l'homme qui a le bonheur de vivre sous ce gouvernement conserve toute sa dignité, car il n'obéit qu'à lui-même. En effet, chacun, dans une République démocratique, nomme des representants qui font des lois. Or, quand vous avez un procureur fondé qui fait une commission pour vous, c'est comme si vous l'aviez faite vous-même. Les lois, qu'ont rédigées les représentants, sont donc comme si elles l'avaient été par la majorité du pays elle-même. C'est cette majorité qui se gouverne ; et, quand on obéit à cette loi, on n'obéit à personne, on n'est sous la dépendance de personne, on n'est pas une chose dans la main d'un autre. On s'appartient à soi-même.

La République a aussi un autre avantage moral qui se rattache à l'exercice des fonctions publiques.

Quand un pays est gouverné par une monarchie, les magistrats, notamment, portent le nom de la personne qui les a nommés. On dit : le procureur *impérial* ou du *roi*, la Cour *impériale* ou *royale ;* et alors il semble bien que ces hommes rendent la justice, surtout dans l'intérêt de l'*empereur* ou du *roi.* Sans doute, ils sont généralement consciencieux ; mais l'on peut craindre, cependant, qu'ils ne se laissent aller, sans le vouloir, à être quelquefois les complaisants d'un homme, d'une famille, d'une dynastie. Puis, ils ont vraiment l'air de porter une livrée, puisqu'ils sont désignés par la qualification de l'homme qui règne.

Au contraire, les magistrats d'une République sont vraiment les magistrats de tous. Ils sont forcément les hommes de la chose publique, puisque *République* veut dire *chose publique.* Quand ils travaillent, ils savent qu'ils travaillent pour tout le monde ; leurs services, ils les rendent au pays tout entier.

VII

Quant aux avantages matériels que présente le gouvernement de la République, les voici :

D'abord, il est de sa nature d'être peu coûteux.

On n'a pas besoin d'entretenir le luxe d'une famille princière qui se croit au-dessus des autres hommes. Il est inutile d'entourer le trône de courtisans qui vivent toujours aux dépens des princes qu'ils flattent à chaque moment. On n'a pas besoin, non plus, de donner un éclat factice, un prestige brillant aux fonctionnaires pour les faire respecter par la masse. Etant les fonctionnaires de tout le monde, étant nommés par les vrais représentants de la nation, leur origine les protège suffisamment ; ils sont honorés par tout le monde.

Ensuite, et c'est là le point fondamental, tous les progrès, tous les changements rationnels peuvent se produire, en République, sans secousse et sans révolution.

Quand un roi résiste à un changement demandé par l'opinion publique, il faut qu'il abdique ou qu'on le chasse. Dans le premier cas, ses descendants ne sont pas toujours acceptés ; il faut donc créer une nouvelle dynastie. Dans le second cas, il y a une armée, qui obéit à ce roi, qui a lutté contre les volontés de la nation ou de ses représentants. C'est du sang répandu, c'est une bataille. Et alors, le commerce est effrayé, le travail s'arrête, les usines chôment, les capitaux se cachent : en un mot, la vie de la nation est interrompue.

En République, au contraire, quand une idée nouvelle et acceptable se produit, elle n'a aucun besoin d'être impatiente ou violente. Son tour viendra. Ceux qui la partagent la propageront dans les journaux, dans les livres, et, quand elle sera devenue assez forte, des représentants seront nommés pour l'appuyer dans le gouvernement, et peu à peu elle finira par triompher, lorsqu'elle aura obtenu la majorité.

VIII

Voilà les avantages attachés à l'adoption de la forme républicaine comme gouvernement.

Combien ils paraissent encore plus considérables, quand on les rapproche des inconvénients attachés au régime des monarchies !

D'abord, l'on comprend facilement que, très souvent, la famille qni règne a un intérêt opposé à celui de la nation. L'on voit, en effet, quelquefois monter sur les trônes des individus n'appartenant pas aux pays sur lesquels ils veulent régner. C'est ainsi qu'en Grèce on a eu un prince bavarois et maintenant un prince danois. C'est ainsi que l'on songeait tout récemment à placer comme roi d'Espagne un prince allemand. Comment veut-on que ces hommes puissent prendre un véritable intérêt à une nation dont ils ne font pas partie, et qu'ils considèrent naturellement comme une propriété à exploiter ?

Et lors même qu'ils font partie de la nation qu'ils gouvernent, on les met tellement au-dessus de tout le monde, tellement en dehors du courant des idées de tous, qu'ils ne savent jamais la vérité, et qu'ils se constituent un ensemble d'opinions et des intérêts qui n'ont souvent aucun rapport avec les opinions et les intérêts de tous les autres hommes.

Pourquoi, d'ailleurs, auraient-ils souci de se préoccuper de ce qui se passe au-dessous d'eux ? Tous les habitants du pays qu'ils gouvernent, si grande que soit leur intelligence, si considérable que soit leur situation ont généralement la lâcheté de dire et d'écrire qu'ils sont les *sujets* du prince. *Sujets !* c'est-à-dire *soumis* aveuglément aux volontés et aux caprices d'un autre.

Ces hommes dont on se dit les sujets, on les appelle *Majestés* ; on leur fait croire que leur pouvoir vient d'en haut, qu'il est perdu dans je ne sais quels nuages. Ils seraient bien bons de descendre de ces hauteurs, pour tenir compte de ce que pensent ou désirent ceux qui sont au-dessous d'eux.

IX

Les monarchies ont aussi cet immense inconvénient de subordonner toute la vie et toute la puissance d'une nation à la vie et à la santé d'un seul homme. Or, cette vie et cette santé sont sujets à autant d'ébranlements chez les princes que chez tous les autres hommes.

Quand un roi est malade, voyez ce qui se passe. D'abord, il est affligeant pour la dignité humaine de constater que tout le monde s'en va rechercher curieusement quels sont les détails les plus intimes de la maladie, quelles en sont même les phases les plus dégoûtantes. Ce que la pudeur fait ordinairement voiler est ici étalé au grand jour, parce que tout le monde se sent intéressé à la décroissance de la maladie ou à la vie d'un seul homme.

Aussi, avant d'acheter ou de vendre une maison, avant d'acheter de la rente, on s'enquiert avec anxiété du bulletin de la maladie d'un seul individu.

Et cependant, est-ce que la mort de cet homme supprime ou diminue les forces d'un pays, qui se composent : de l'intelligence de tous ses habitants, de leur instruction, de leur activité, de la puissance des machines, de la solidité des maisons, de la fertilité du sol, de l'abondance des récoltes, de la facilité des communications, etc., etc. ?

Pourquoi donc avoir eu l'imprudence d'arranger un gouvernement, de telle façon que tout puisse s'arrêter ou se paralyser, parce qu'un homme est dans telle ou telle situation ?

Dira-t-on que le principe de la succession au trône en faveur des descendants du roi régnant supprime ces difficultés ? Nullement. Combien de fois l'on s'est battu pour savoir quel était le vrai représentant, le vrai descendant du roi défunt ? Puis, en supposant que ces combats n'aient pas lieu, chaque prince a autour de lui tant de créatures, tant de courtisans, que la succession au trône, même sans secousses apparentes, produit toujours de très-grands dérangements.

Au contraire, en Suisse, est-ce que jamais l'on a entendu dire qu'il y ait eu des révolutions pour le changement périodique des menbres du gouvernement ?

Et dans les Etats-Unis, lorsque le président Lincoln fut tué d'un coup de pistolet au théâtre, est-ce que le vice-président Johnson ne succéda pas à son pouvoir, sans le moindre trouble ?

C'est que, dans les républiques, les hommes qui gouvernent ne sont que les représentants d'institutions durables, solides ; et les institutions ne périssent pas comme les hommes : elles n'ont pas de maladies comme eux ; elles leur survivent.

Dans la France monarchique, au contraire, quand un roi était l'objet d'un attentat, tout le monde avait peur ou s'inquiétait ; la fortune publique décroissait, les affaires s'embarrassaient, toute activité était paralysée. C'est que notre mécanisme gouvernemental était donc bien défectueux.

X

Mais alors, me dira-t-on, comment se fait-il que, malgré tant d'inconvénients, les monarchies aient duré si longtemps et durent encore dans un grand nombre de pays ?

Il faut être juste envers elles. Elles ont leur utilité et leur rôle historique.

Quand les sociétés se forment, il est quelques hommes qui abusent de leurs forces pour grouper un certain nombre de leurs semblables au-dessous d'eux ou autour d'eux. Ils s'intitulent *Seigneurs*, lèvent des impôts et des soldats ; et parce qu'ils sont propriétaires de domaines plus ou moins importants, s'attribuent des droits de *souveraineté*, de commandement absolu.

Rapprochés qu'ils sont des hommes qu'ils dominent,

ils font sentir leur puissance avec beaucoup de rigueur ; et comme ils ne se soutiennent généralement que par la guerre, ils empêchent le travail de se développer.

On appelle *féodalité* le régime politique qui existe dans ces conditions-là.

Eh ! bien, les monarchies ont pour mission de briser ces tyrannies locales, d'aider un peu les efforts de ceux qui veulent les secouer. Les princes, qui font ces choses-là, les font sans doute dans l'intérêt de leur ambition personnelle, et ils ne méritent pas qu'on leur en ait de la reconnaissance. Ainsi, un roi de France qu'on appelle Louis VI dit *Le Gros*, et que l'on a qualifié de *père des communes*, n'a pas aidé ces communes à s'affranchir dans leur intérêt. C'est bien uniquement dans le sien qu'il a agi, lorsqu'il a pris la peine de faire quelque chose en leur faveur. Mais enfin il a contribué à renverser les barons féodaux ; lui et ses successeurs ont continué cette besogne, et ont aidé ainsi à faire la France *une, grande, indivisible.* A l'image de ce pouvoir, le pays s'est constitué en nation.

C'est bien. Mais quand cette œuvre d'unité a été accomplie par la monarchie, elle n'a plus rien à faire : elle n'a qu'à se retirer.

Lorsqu'un membre a été brisé en plusieurs morceaux, on lui applique un bandage ; mais quand les morceaux se sont ressoudés, lorsque le membre a repris sa force, on ne garde plus ce bandage ; il deviendrait une gêne et un obstacle.

XI

Voilà déjà bien des pages pour démontrer une chose si simple, à savoir, qu'il vaut mieux se gouverner soi-même que de se laisser gouverner par autrui. Et cependant je sens que je n'ai pas encore tout dit.

J'entends d'ici les paysans raisonner de la façon suivante : « *Il faut un maître.* Dans la famille, il y a un
» maître, qui est le père; dans toute exploitation agricole,
» il y a un homme qui commande, que ce soit le pro-
» priétaire ou le fermier. Il faut donc un roi dans un
» gouvernement. »

Voici la réponse quand on réfléchit un peu.

Sans doute, le père est un maître. Mais d'abord, jamais, comme les rois, il n'a le pouvoir d'envoyer son fils à la mort comme soldat, ou de le priver de sa liberté par des lois injustes. Puis, le père n'est maître que jusqu'à ce que son fils ait atteint vingt et un ans; à la majorité, ce fils devient son propre maître.

Eh ! bien, les nations sont comme les individus : elles sont mineures tant qu'elles ne se sont pas développées et fortifiées, tant qu'elles sont barbares, peu instruites, tant qu'elles ont des mœurs cruelles. Mais, quand tout cela a disparu, qu'elles sont devenues raisonnable, qu'elles ont des mœurs douces, que tous les individus parlent la même langue; lorsqu'enfin ce pays est devenu un corps solide, complètement organisé, alors il est majeur. Il a le

droit de se gouverner lui-même par des mandataires auxquels il donne le pouvoir.

Quant à l'exemple tiré du commandement qui appartient aux fermiers ou aux propriétaires, il faut remarquer
que ce droit ne leur appartient que pour la durée du travail et seulement pour certaines opérations, tandis que
le pouvoir d'un roi s'applique ou peut s'appliquer à pres-
que tous les actes de la vie de leurs *sujets.*

XII

Quelques habitants des villes donneront aussi des regrets
aux monarchies, parce que, disent-ils, « elles seules font
» aller le commerce, et encouragent l'industrie par l'éclat
» dont elles s'environnent ou par les dépenses que fait-
» tout leur entourage de courtisans et de hauts fonc-
» tionnaires largement payés. »

A entendre ces personnes, il semblerait donc que les
monarchies et ceux qui les soutiennent apportent, dans
un pays. des ressources qui leur sont propres. Mais, au
contraire, d'où vient l'argent qu'elles dépensent, elles et
leurs représentants ? Ce n'est que l'impôt qui le leur
donne ; et l'impôt est fourni par tout le monde. Qu'on
laisse dans les poches de chacun les sommes à l'aide des-
quelles on forme cette partie de l'impôt destinée à payer
les dépenses des monarchies, et chacun trouvera bien à
en faire l'emploi le plus intelligent, en achetant, pour
ses besoins, tout ce que fournissent l'industrie et le
commerce.

Et ne vaut-il pas mieux, pour cette industrie et ce commerce, avoir pour client tout le monde, que quelques personnes représentant une cour et ses créatures ? C'est une vérité vulgaire, que l'on gagne bien plus d'argent en vendant beaucoup d'objets de dix centimes, qu'un petit nombre d'objets à mille francs.

Mais les sculptures, les peintures, les œuvres artistiques, qui les achètera, si l'on n'a pas un roi ou des princes pour encourager ceux qui les font ? Toujours la même réponse.

Au lieu de deux ou trois clients, les artistes auront pour clientèle tout le monde, c'est-à-dire le gouvernement de tous, la République. Oui, nous avons tous besoin que notre goût s'épure à la vue des chefs-d'œuvre, que notre âme s'élève à la lecture des manifestations des grands sentiments. Et comme la République gouverne forcément dans l'intérêt de tous, elle songera toujours à avoir dans son budget de quoi encourager les artistes et réchauffer leur puissance créatrice.

Et la joie de tous ces hommes sera d'autant plus grande, leurs inventions d'autant plus riches, leur zèle d'autant plus actif, qu'ils travailleront, non pas pour quelques uns, mais dans l'intérêt de la nation tout entière et pour la satisfaction de chacun de ses membres.

XIII

Un mot encore, et tout sera dit.

Dans un pays où règne le suffrage universel, la République est le seul gouvernement possible, parce qu'aucune monarchie ne peut tenir contre la volonté variable de cette puissance. En effet, quand un prince demande la consécration de son pouvoir au suffrage de tous, que fait-il ? Il reconnaît que c'est d'eux qu'il tient ses droits, il se fait donner une procuration ; et, dès ce moment-là, il doit renoncer à la transmission de son pouvoir à ses descendants.

Car, si les générations qui ont voté pour lui l'ont fait, parce qu'il avait telles ou telles qualités, est-il sûr que le fils aura les mêmes ? Les aurait-il, est-ce que les générations qui ont voté aujourd'hui peuvent enchaîner les générations qui viendront après elles ?

Jamais on n'a vu un procureur fondé s'éterniser, lui et les siens, dans l'exécution d'un mandat qui lui a été donné. Le mandat est essentiellement révocable, puisqu'il repose sur la confiance que l'on a dans une personne déterminée,

Or, et ce sera là ma conclusion, aucun parti ne songeant ou ne pouvant songer à supprimer, en France, le suffrage universel, c'est le bon sens, c'est la force de la logique qui entraîne l'adoption de la République.

On n'a même pas besoin de dire expressément qu'on

la veut. Elle est, par cela seul que tout ce qui lui est contraire est devenu impossible. Elle existe forcément, parce qu'elle est la conséquence naturelle de la liberté humaine, qui n'a pas plus le droit de se suicider en s'abandonnant aux mains d'un roi, qu'un homme n'a le droit de vendre son corps et son âme pour de l'argent.

FIN.